Patrick Boucheron (París, 1965) es uno de los máximos exponentes de la actual renovación historiográfica europea. Catedrático del Collège de France, ha dirigido numerosas publicaciones, y es autor de libros como *Conjurar el miedo. Ensayo sobre la fuerza política de las imágenes* o *El miedo. Historia y usos políticos de una emoción*. Es colaborador de France Culture y participa en proyectos de divulgación como la serie documental *Quand l'histoire fait dates* (2018).

El tiempo que nos queda

Se ha estado anunciando desde hace años como una catástrofe inevitable. ¿Ha sido para alertarnos o para que nos habituemos a ella? Tras el avance de la ultraderecha en las últimas elecciones europeas y el adelanto de las legislativas en Francia, es posible que ese acontecimiento que tanto temíamos se materialice como la continuación de lo que sabíamos que iba a ocurrir y no supimos ni pudimos evitar. Y comprenderemos, demasiado tarde, que a fuerza de esperar esa catástrofe no nos enteramos de que ya había llegado.

El tiempo
que nos queda

Patrick Boucheron
El tiempo que nos queda

Traducción
Álex Gibert

editorial anagrama

Título de la edición original:
Le temps qui reste
© Éditions du Seuil
    París, 2023

Primera edición: julio 2024

Diseño de la colección: lookatcia.com

© De la traducción, Álex Gibert, 2024

© EDITORIAL ANAGRAMA, S. A. U., 2024
    Pau Claris, 172
    08037 Barcelona

ISBN: 978-84-339-2885-6
Depósito legal: B. 12573-2024

Printed in Spain

Liberdúplex, S. L. U., ctra. BV 2249, km 7,4 - Polígono Torrentfondo
08791 Sant Llorenç d'Hortons

Horizonte:

La parte de la superficie terrestre hasta donde puede extenderse la vista; la parte de cielo colindante. *El horizonte estaba encapotado. Un horizonte despejado. Un horizonte limitado.*

ÉMILE LITTRÉ,
Diccionario de la lengua francesa
(1873-1877)

Quiero hablar aquí de una catástrofe que tarda en llegar y señalar que el miedo a la debacle definitiva no nos ayudará a prevenirla. Quiero hacerlo desde mi experiencia como historiador, dejando hablar a la parte de mí que ha sido moldeada por la historia. ¿No les sacan de quicio esas personas que, escudándose en su conocimiento o su experiencia, tratan siempre de distanciarse, con la expresión seria y el aire superior de quien está mucho mejor informado, para entonar luego la cantinela del «es más complicado de lo que parece» o, peor aún, del «eso es algo que ya ha ocurrido»? Nos aconsejan también «dar un paso atrás, para ver las cosas en perspectiva». Y luego hay que esperar a que lleguen los historiadores de oficio para apagar el fuego del acontecimiento y descubrir, en el brasero de la inminencia, ese rescoldo que llevaba tiempo humeando bajo las cenizas.

Pero ya no hay tiempo para este tipo de repliegues, ni siquiera a fin de obtener una presunta «visión de conjunto». A estas alturas, deberíamos tener el valor y la modestia suficientes para dejar de retroceder ante el obstáculo y aguantar a pie firme, cara al viento, en mitad de la refriega. ¿Y ahora qué? «Primero arremetemos y luego ya veremos», que habría respondido el general Bonaparte el día de una gran batalla. Admito sin reparos que ese ardor marcial me es completamente ajeno. Pero es cierto que existe una forma superior de lucidez que solo puede adquirirse en el fragor de la batalla, y que cuando uno arremete y hace el esfuerzo de mirar, ve más y mejor. Y como el tiempo apremia, porque es evidente que apremia, estoy dispuesto a forzar un poco mi naturaleza para decir las cosas con la mayor claridad posible.

¿Qué cosas? Precisamente, las que dan razón de esa parálisis que nos agarra al pensar en el tiempo que nos queda. Si nos dejamos convencer de que el desastre es inexorable –y hablaremos aquí del carácter político de todas las catástrofes que corremos el riesgo de precipitar a fuerza de temerlas, desde que el colapso climático revolucionó la idea misma de inminencia–, acabaremos por rendirnos. Mermadas como están, las defensas democráticas van cediendo una tras otra bajo los golpes incesantes de las certidumbres resignadas. Por eso, al dejarnos llevar de esta manera corremos el riesgo de caer rodando por esa cuesta presuntamente fatal, que lo será a buen seguro si no le ponemos remedio. Es tarde, sí, es muy tarde, pero tal vez no sea demasiado tarde. Por ahí habría que empezar: por identificar esa retahíla de artimañas, ardides y renuncias que, en nombre del supuesto conocimiento de un futuro inmutable, nos impiden enderezar el curso del tiempo. Porque aún es posible, siempre y cuando dejemos de esquivar el presente y lo afrontemos, lo que implica también reconocer el retraso con que lo hacemos.

No teman, que soy solo yo

Abordar el tema sin evasivas, desde luego; *posicionarse*, sin duda: para ello es preciso encontrar el ángulo adecuado. Pero, como bien saben los pintores y los francotiradores, el ángulo más eficaz no es siempre el más frontal. Y aunque el sesgo de la palabra tiña inevitablemente de sospecha el discurso público, no hay ningún motivo, ni moral ni político, para ceder al mandato de las adhesiones transparentes, que no debe confundirse con la sinceridad. En otro tiempo, ciertas personalidades públicas se sentían impelidas a escribir su *Lo que yo creo*, título que tiene al menos el mérito de confesar con suficiente candor la dimensión religiosa de toda «profesión de fe política», como puede leerse aún en los programas electorales. Para consentir en ello se necesita una confianza en la inocencia y la solidez de las propias convicciones que yo no poseo. Por eso nunca dejaré de repetir que la historia, como disciplina, no se debilita en absoluto al exponer sus incertidumbres. Y por eso el historiador que trato de ser buscará siempre la manera de exponerse sin exhibirse, de no caer en la indignidad de quien pretende sacar provecho de lo que escribe, reafirmándose de paso en la convicción de que su bando es el de los buenos.

De ahí derivan, sin duda, los malentendidos más o menos intencionados que han podido suscitar algunas de mis declaraciones, sobre todo cuando se me preguntaba por la actualidad política. Como nunca me he sentido autorizado a gozar de ningún poder de tribuna y, de hecho, me sigue incomodando la violencia intrínseca a la palabra pública, he desarrollado para estos casos una crítica, más o menos explícita, de ese poder intelectual que consiste en discernir con la más absoluta seguridad lo verdadero de lo falso. Por supuesto, hay que tener en cuenta lo que en sociología se denominaría un efecto de campo: después de dedicar mucho tiempo a explorar el autoanálisis, sé que la forma que he elegido para ocupar ese lugar de producción y transmisión de saber que es el Collège de France no pasa por ejercer el poder académico o proclamar profetismos políticos de ninguna clase, sino por retomar una tradición, tan antigua como la institución misma, de cuidar el discurso.[1]

Una tradición que, más que resolver, nos plantea un dilema: ¿cómo defender la disciplina histórica en su conjunto, expresando con franqueza y sencillez la solidaridad que se le debe, no a una profesión, sino al método en que se funda, cuando sabemos que lo que nos hace

1. Guillaume Bellon, *Une parole inquiète. Barthes et Foucault au Collège de France*, Grenoble, ELLUG, 2012.

merecedores de esa posición es una singulari-dad indefectible, una soledad, incluso, desde la que seguir tomándonos todas las libertades con la historia? Es esa lealtad indisciplinada la que nos lleva a decir «yo», un «yo» más preven-tivo que asertivo, que no anuncia ruidosamen-te un «aquí estoy yo», sino que se conforma con advertir: «soy solo yo».[1]

Y voy a dejarlo ahí, porque sé que esta acti-tud resulta en gran medida incomprensible en esta época tan pagada de sí misma, inflada por la arrogancia de un presente bajo la lupa cons-tante de las redes sociales, en el que cada reac-ción (sobre todo cuando es desafortunada) es universalmente compartible e inmediatamen-te archivable. Un pequeño y aborrecible ego gobierna este presente como su amo y señor, entregado a sus lamentables pasiones simétri-cas: el deseo de ser aclamado por sus amigos y el placer de odiar a sus enemigos. En esta eco-nomía libidinal que es, sin duda, la última tre-ta del capitalismo liberal más descarado, a la

---

1. Una distinción obviada, por ejemplo, en Enzo Traver-so, *Passés singuliers. Le «je» dans l'écriture de l'histoire*, Mon-treal, Lux, 2020. [Ed. en esp.: *Pasados singulares. El «yo» en la escritura de la historia*, trad. de Belén Gala Valencia, Madrid, Alianza, 2022.]

gente le basta con sentir algo para persuadirse de que tiene razón.

Digamos, pues, tan solo que este librito no pretende dar ningún nombre paternalista a los tiempos que corren. Entre otras cosas, porque lo he escrito yo, que siempre he sido reacio a dictaminar sobre regímenes de historicidad y otras fórmulas altisonantes. ¿Qué le voy a hacer si me es un poco indiferente todo lo que impera, ya sean los poderosos o los periodos históricos? Lo que yo busco, y lo busco desde hace tiempo, es eso que hay de quebradizo en la textura desigual del tiempo, sus fracturas y segmentaciones. Y estas solo se les revelan a los amantes de los detalles que poseen la paciencia necesaria para desdeñar los grandes saltos hacia delante y saben observar esas alteraciones sutiles (a veces, nada más que un poco de polvo desplazado) a través de las que avanza la historia, no a grandes sacudidas, sino por la lenta erosión del viejo orden.

No habrá un principio del fin

¿Se acuerdan de la escena inicial de *Las cosas de la vida*, de Claude Sautet? Es la historia de un hombre que, a punto de morir, ve desfilar toda su vida ante sus ojos. Delato sin duda mi edad al referirme a esta película, estrenada en 1970, en que la burguesía francesa se compadecía de su propia inconsecuencia. Cochazos y adulterio, dinero fácil y tabaco rubio, barbacoas y masculinidad consciente: todo está ahí, pero nosotros ya no estamos. Por eso la belleza trágica de Romy Schneider nos rompe aún el corazón.

Lo que me interesa, en todo caso, es el comienzo de la película. Un hombre al volante de un coche, y no un coche cualquiera: un Alfa Romeo Giulietta Sprint, icono de toda una época. El hombre, un arquitecto, conduce demasiado rápido y en eso que a un camión rojo de transporte de ganado se le cala el motor en mitad de la calzada. A punto está de esquivarlo, pero no, es demasiado tarde, y el coche se sale de la carretera. El actor es Michel Piccoli, con su eterno pitillo entre los labios, impecable en su elegancia y despreocupación, y la escena se compone de unos sesenta planos que han pasado a la historia del cine. Es además una escena que se ve cuatro veces: primero hacia atrás, luego a cámara lenta, después a velocidad normal y finalmente, por partes, a lo largo de la película. Una «mezcla de tiempos muy peligrosa», como recordaba el cineasta, que le confesaba a Michel Boujut: «Las cosas nunca suceden como uno cree que sucederán».[1] Las cosas del amor desde luego que no, como atestigua el personaje interpretado por Piccoli, cuya vida se ve arruinada de forma banal y trágica por la belleza de dos mujeres. Pero lo mismo cabría decir de las cosas de la política.

Así pues, no habrá suspense ni grandes golpes de efecto. Cuando empiece la película ya sabremos que el desenlace es inevitable. No, el desenlace no: el acontecimiento. Y es ese acontecimiento, que se nos antoja a un tiempo inminente e ineludible, el que embota toda voluntad de acción. Y es justamente esta paradoja de los tiempos políticos que corren la que enfurece a la juventud actual: una furia pasoliniana de existir y expresarse, una *rabbia poetica* que es ante todo una protesta contra la indolencia, contra la patológica indiferencia ante las desgracias del mundo que nos impide rebelarnos contra la injusticia. Hasta hace bien poco no

1. Michel Boujut, *Conversations avec Claude Sautet*, Arlés, Actes Sud, 2014. [Ed. en esp.: *Conversaciones con Claude Sautet*, trad. de Claudia Pena, San Sebastián, Festival Internacional de Cine de San Sebastián y Filmoteca Vasca, 2023.]

sabíamos qué hacer ni cómo abordar la catástrofe: una amenaza eclipsaba a la otra y había siempre algo más urgente que la emergencia climática, algo mejor que hacer que lidiar con una crisis medioambiental que, como era ya obvio, iba a marcar nuestro futuro inmediato. Suponíamos tal vez que un día, no muy lejano, pero aún por llegar, sería hora de decirse: es ahora o nunca.[1]

Pero no fue así como sucedieron las cosas. El tiempo se ha desquiciado por completo y el mundo se ha visto sacudido de pronto, a ojos vistas, en sus elementos más fundamentales: falta el agua, el aire nos asfixia, los recursos se agotan y el fuego campa por sus respetos. No hubo, pues, un principio del fin, porque en la historia no hay nunca principio ni fin, solo la película discontinua de una tragedia a la que seguimos tratando de quitarle hierro elevándola a la categoría de crisis, cuando no es más que la continuación de una trayectoria definida. En virtud de los efectos de umbral y forzamiento que las ciencias del cambio climático

---

1. Mathieu Potte-Bonneville, «Il nous faut hériter du xxᵉ siècle», 2022, vídeo de la Agencia Francesa de Desarrollo, disponible en línea en: <https://www.youtube.com/watch?v=ahywwANk3-0.>

nos enseñaron a entender, nos dimos cuenta de que era algo que iba a pasar cuando ya estaba pasando, aquí y ahora, al tiempo que sus desastrosas consecuencias se sucedían ante nuestros ojos, ráfaga tras ráfaga, a un ritmo que no ha dejado de acelerarse. De forma global pero discontinua, a fuerza de desgaste y degradación, la Tierra se vuelve inhóspita, para todo el mundo, pero no de la misma manera, agravando terriblemente las desigualdades que ya existían. Lo vemos a nuestro alrededor: paisajes desfigurados que no son los paisajes heroicos y viriles de la poética de la destrucción que fomentan ciertas ficciones postapocalípticas, sino los paisajes deteriorados, desolados y menguados de un mundo cada vez más inhabitable.

Ese advenimiento presente de un futuro que se anunciaba muy próximo, pero que por eso mismo no se consideraba parte de la actualidad, podría llamarse la «crisis de la inminencia». Y si ha tenido efectos profundos y en gran medida insospechados en el ámbito de la política –o, lo que es más grave, en la confianza que las distintas sociedades depositan aún en la eficacia de cualquier acción política, mientras esta permanezca cautiva de una agenda institucional–, ha sido a causa de su paradójico desajuste. Durante mucho tiempo creímos que los tiempos de las fuerzas geológicas y los de las sociedades humanas eran inconmensurables: Voltaire consideraba impropio hablar de «historia natural», pues no había más historia que la del hombre. Sobre esta gran división se alzaron los saberes y valores de la modernidad occidental, esa modernidad que hoy se ve desconcertada por la revelación de la responsabilidad humana en el cambio climático. Esa es, como sabemos, la cualidad que define al Antropoceno, que de todos modos sería erróneo considerar como una nueva era, pues no es una época sino un acontecimiento.

Un acontecimiento en curso, susceptible –y ahí reside la paradoja– de restaurar la fe en una resolución política, en nuestra capacidad de reaccionar hoy, *a tiempo*, para garantizar un mañana habitable. De un tiempo a esta parte –y se trata de un cambio histórico de veras revolucionario– los tiempos de la Tierra no parecen situarse fuera del alcance de la decisión política presente. Por eso, lo que podríamos llamar con toda propiedad el alzamiento ecológico es, sin lugar a dudas, la gran lucha de nuestro tiempo para plantar cara a esa implacable y metódica orquestación de nuestras impotencias.[1] Sea cual sea el desenlace de esa batalla, y más allá de la imperiosa necesidad de instar a los poderes políticos y económicos a abandonar el reino de la inconsecuencia, del que siguen siendo los amos, debemos sopesar con calma el hecho de que, hasta la fecha, esa continua apelación al peligro inminente no haya dado ningún fruto. No para afirmar que es demasiado tarde y ceder a la complacencia fatalista de los apóstoles del hundimiento, sino para calibrar el efecto que ha tenido ya la crisis de la inminencia medioambiental sobre la presciencia de la catástrofe que se avecina, sobre ese sentimiento obsesivo y tanto más peligroso cuanto que sigue siendo más bien vago y afecta a todos los componentes de la vida social, psicológica y política o, por decirlo llanamente, a todas las cosas de la vida.

¿Qué hora es, antes del fin del mundo?

Son las doce menos un minuto. Para ser exactos, quedan 90 segundos para la mediano-

1. Camille Étienne, *Pour un soulèvement écologique. Dépasser notre impuissance collective*, París, Seuil, 2023.

che. Esa es la hora que marca el Doomsday Clock, el reloj simbólico del apocalipsis concebido en 1947 por varios físicos que habían trabajado en el proyecto Manhattan y que, desde entonces, publican todos los años una evaluación de los peligros que amenazan la supervivencia de nuestra especie.[1] Entre quienes hoy llamaríamos los «denunciantes» estaba la artista estadounidense Martyl Suzanne Schweig, esposa del físico Alexander Langsdorf. Fue a ella a quien se le ocurrió la idea de un reloj conceptual, a partir de la potente –y universalmente comprensible– analogía de un apocalipsis que llegará tras las doce campanadas de la medianoche y un minutero que indica el tiempo que nos queda (y que, en más de un sentido, es el que nos falta). Fue ella quien lo concibió y quien dio a la urgencia y a la angustia que esta genera una representación plástica, esa imagen de un reloj a punto de detenerse que se ha ido haciendo un sitio en la cultura popular.

1. Para un análisis más detallado del reloj del fin del mundo y el profetismo, véase Patrick Boucheron, «Histoire du temps qui manque», *Entre-Temps*, 17 de mayo de 2022, disponible en línea: <https://www.entre-temps.net/histoire-du-temps-qui-manque/>.

Solo que esa imagen es más que una imagen, es una metáfora, en el sentido cabal del término, el de una entidad imaginaria y una prefiguración. Posibilita el cálculo de una previsión para conjurar la espera y dar la voz de alarma: forma una palabra que nos trasciende y desafía nuestra capacidad de conceptualización.[1] Todos los espectadores –y fueron muchísimos– que a finales de 2021 vieron la comedia dramática *No mires arriba*, de Adam McKay, saben que no basta con tener razón para hacerse oír, y que frente a la poderosa negación de la amenaza inminente del cambio climático, el ecologismo político puede lograr la proeza de sembrar el pánico por todo el mundo sin dejar de provocar bostezos de aburrimiento.[2] De ahí la necesidad de inventar metáforas –desplazamientos de una a otra disciplina– que permitan movilizar eficazmente la conjura de la inteligencia científica, la ener-

1. Hans Blumenberg, *Préfigurations. Quand le mythe fait l'histoire*, París, Seuil, 2016.

2. Bruno Latour y Nikolaj Schultz, *Mémo sur la nouvelle classe écologique. Comment faire émerger une classe écologique consciente et fière d'elle-même*, París, La Découverte, 2022. [Ed. en esp.: *Manifiesto ecológico político. Cómo construir una clase ecológica consciente y orgullosa de sí misma*, trad. de Margarita Polo, Madrid, Siglo XXI, 2023.]

gía social y la voluntad política en torno a la comunidad del destino y el peligro compartidos por el género humano.

En 1947, el reloj del fin del mundo marcaba las 23.53 horas. A partir de ahí, la medida del tiempo que nos queda fue oscilando en función de la evaluación del peligro de la proliferación nuclear y, en los episodios más candentes de la Guerra Fría, de un enfrentamiento directo entre las dos superpotencias, hasta que la firma de los tratados internacionales en 1991 retrasó la manecilla del reloj hasta las 23.43 horas: lo más lejos de la medianoche que había estado desde 1947. En aquel entonces, ciertos futurólogos temerarios vaticinaban el fin de la historia. Y los expertos del *Bulletin of the Atomic Scientists*, obsesionados con el holocausto nuclear, tardaron lo suyo en integrar a sus cálculos los riesgos epidémicos y medioambientales: estos últimos no se incorporaron hasta 2007. Desde entonces, eso que los demógrafos y las aseguradoras llaman la «esperanza de vida restante» –con la salvedad de que concierne aquí a toda la humanidad– no ha dejado de menguar, hasta el punto de que empieza a contarse en segundos. En 2022, la conjunción de la guerra de Ucrania y la aceleración del calentamiento global nos habría hecho perder 10 segundos. Publicado el 23 de enero de 2023 en Chicago, el último cómputo nos sitúa a las 23 horas, 58 minutos y 30 segundos, es decir, 90 segundos antes del apocalipsis. Nuestra concepción contemporánea del tiempo que nos queda es la de un tiempo que nos falta, y si nos falta tiempo es porque hemos faltado a la cita de nuestros tiempos. Es decir, que de ahora en adelante somos responsables de nuestras faltas.

Del buen uso de las profecías

¿Habría que ceder a la retórica habitual de los colapsólogos, que se dedican a anunciar a bombo y platillo que la debacle es inminente e inapelable? Esta postura, tan fácil de enunciar como de denunciar, pasa por alto, como es sabido, la imprevisibilidad del *tempo* mismo de la historia de las sociedades humanas. Si el tiempo que nos queda escapa aún a nuestra capacidad de predicción es porque a veces avanza más rápido y a veces más lento, pero nunca lo hace al ritmo que esperábamos. Sin embargo, hay más de una razón por la que sería apresurado descartar el catastrofismo como una forma de pensamiento arcaica y desmotivadora. En su obra fundamental sobre *El principio de responsabilidad*, el filósofo alemán Hans Jonas exponía la paradoja clásica del alarmismo, que debe gozar de suficiente difusión y credibilidad para que el futuro lo desmienta: «Se vaticina la catástrofe para impedir su llegada. Y sería el colmo de la injusticia mofarse luego de los alarmistas y recordarles que sus negros augurios no se hicieron realidad. Su mérito tal vez resida en haberse equivocado».[1]

¿Por qué? Porque al anunciar el futuro y valerse del miedo que provoca su vaticinio, el profeta debería tener en cuenta el efecto de sus palabras, que se invalidan a sí mismas, y proyectan un futuro que es a la vez necesario e indeterminado.[2] Eso es precisamente lo que afirmaba Günther Anders –el gran pensador del miedo nuclear que marcó mi infancia y cuyo espectro reaparece hoy bajo otro disfraz, el de

1. Hans Jonas, *Le Principe responsabilité. Une éthique pour la civilisation technologique*, París, Cerf, 1990. [Ed. en esp.: *El principio de responsabilidad. Ensayo de una ética para la civilización tecnológica*, trad. de Javier María Fernández Retenaga, Barcelona, Herder, 2008.]

2. Jean-Pierre Dupuy, «Contre les collapsologues et les optimistes béats, réaffirmer le catastrophisme éclairé», *AOC*, 12 de noviembre de 2020.

la catástrofe ecológica– cuando escribía en *Die Frist: Endzeit und Zeitenende* [El plazo: los tiempos del fin y el fin de los tiempos] que, a diferencia de los apocalípticos judeocristianos que esperan el fin y lo temen por igual, «nuestra pasión apocalíptica no tiene otro objetivo que el de evitar el apocalipsis».[1]

Por mucho que el término latino *propheta* del cristianismo confunda ambos sentidos en un mismo término, la profecía no es una predicción. Al adivino o al oráculo se les interroga para conocer el futuro en su respuesta, mientras que el profeta se limita a anunciarlo (ese es el significado del término hebreo *nabí*) tras leer las palabras o señales de Dios, interpretándolas para plantear nuevas preguntas. En este sentido, el tiempo mesiánico no es un tiempo profético, como argumenta con agudeza Giorgio Agamben en un estupendo libro titulado, casualmente, *El tiempo que resta. Comentario a la Carta a los romanos*. A diferencia del discurso apocalíptico, que se sitúa en el último día, en los tiempos del cólera en que el fin parecía próximo, el del apóstol no se sitúa en el fin de los tiempos, sino en los tiempos del fin,

1. Günther Anders, *Le temps de la fin*, París, L'Herne, 2007.

en esa contracción en la que, según Pablo de Tarso, podemos contemplar «el tiempo que queda entre el tiempo y su fin».[1]

Así las cosas, ¿deberíamos resignarnos a contar los segundos que faltan para el apocalipsis y constatar luego, con gran pesar, que no supimos aprovechar la espera? Ese es el enfoque propuesto por Nathaniel Rich, por ejemplo, que retrotrae el comienzo de esa cuenta atrás al decenio crucial de 1979-1989. Según Rich, fue entonces cuando desaprovechamos nuestra oportunidad, pues disponíamos ya de todos los datos para comprender el origen humano del cambio climático y, a pesar de ello, nos cruzamos de brazos.[2] Este enfoque tiene sus virtudes, porque permite entender hasta qué punto se ha fabricado nuestra ignorancia, con la participación fundamental de ciertos *lobbies* industriales que han hecho todo lo posible por demorar la toma de conciencia, enturbiando el

1. Giorgio Agamben, *Le temps qui reste. Un commentaire de l'Épitre aux Romains*, París, Payot et Rivages, 2000. [Ed. en esp.: *El tiempo que resta. Comentario a la Carta a los romanos*, trad. de Antonio Piñero, Madrid, Trotta, 2006.]

2. Nathaniel Rich, *Perdre la Terre. Une histoire de notre temps*, París, Seuil, Éditions du sous-sol, 2019. [Ed. en esp.: *Perdiendo la Tierra. La década en la que podíamos haber detenido el cambio climático*, trad. de Victoria Pradilla Canet, Madrid, Capitán Swing, 2020.]

debate público con falsas controversias. Pero también tiene sus limitaciones, pues invita a pensar que ya es tarde, que nada tiene arreglo, y no logra desbaratar el gran relato de la toma de conciencia de los estragos medioambientales y de la redención por la ciencia.[1]

La historia de ese tiempo que nos falta no puede ser absolutamente desesperanzadora, por una sencilla razón: porque es también la historia del tiempo que nos queda, que no es en absoluto un tiempo para sentarse a esperar, sino para percatarnos de todo lo que aún no hemos perdido. No es de extrañar, pues, que el orden del tiempo y la autoridad generacional se hayan invertido y hoy sea una niña quien sermonea a los adultos, quien los llama al orden como corresponde, pues se conducen con la mayor insensatez y la obligan a sacarles las castañas del fuego. Greta Thunberg es como la Jeanne de la película homónima de Bruno Dumont (2019), que se lamenta: «Durante aquel tiempo sucedían desgracias que no se podían

1. Christophe Bonneuil y Jean-Baptiste Fressoz, *L'Événement anthropocène. La Terre, l'histoire et nous*, París, Seuil, 2013. [Ed. en esp.: *El acontecimiento antropoceno*, trad. parcial de Luis Alfonso Paláu Castaño, Medellín, Universidad Nacional de Colombia, 2020.]

aplazar». Como recuerda oportunamente Laurence Bertrand Dorléac, Thunberg es como la Pitia, hija de la cólera de los dioses, que ridiculiza el viejo mundo y surge de las sombras para decir lo que nadie quiere oír: «Se marchará tan abruptamente como llegó, dejando tras de sí una sensación de deuda pendiente, pero ya nada volverá a ser lo mismo».[1] Porque la juventud militante que ha asumido la lucha no desaparecerá.

Una tormenta que no acaba de estallar

En los momentos de peligro hay que aguzar el oído. Escuchar lo que se trama ahí detrás, esas palabras quedas, disimuladas por el griterío. Porque la política avanza siempre con andares felinos, sigilosos, amenazadores. Se enuncia sobre todo donde no se anuncia de manera explícita o manifiesta, y esto incluye la literatura, que en contra de un prejuicio persistente que no tiene visos de extinguirse, no se torna más política al forzar más la voz. Pense-

1. Laurence Bertrand Dorléac, *Un ours dans la tête. Greta Thunberg*, París, Gallimard, 2022.

mos, por ejemplo, en el revuelo causado por la publicación en 2023 de un relato inédito de Julien Gracq, titulado *La Maison*.[1] El narrador pasa junto a las lindes de una propiedad y de su imaginario, acercándose poco a poco a una casa «más que muerta, extinguida». Por ella ronda aún el pasado temible de la ocupación alemana, pero una dulce ensoñación erótica consigue librar al «hormigueante rumor» de la realidad de su peso de remembranza. ¿Cómo es posible que la aparición de un poema en prosa escrito seguramente entre 1946 y 1950 nos traiga noticias del presente? Al indicarnos la salida de «estos bosques de pesadilla», las divagaciones de Julien Gracq nos liberan del espasmo del acontecimiento y nos sitúan en el ojo del huracán, de una tormenta inminente a perpetuidad, «intolerable porque nunca acaba de estallar».

En *El mar de las Sirtes*, esa tormenta trasladada a la ficción la experiencia histórica de la década de 1930, que Gracq describe así en *Leyendo escribiendo*: «la perezosa majestuosidad del primer rugido lejano de la tormenta, que no tiene ninguna necesidad de alzar la voz para

---

1. Julien Gracq, *La Maison*, París, Corti, 2023. [Ed. en esp.: *La casa*, trad. de Vanesa García Cazorla, Cáceres, Periférica, 2024.]

imponerse, precedida como viene por un largo e imperceptible letargo». Pero nosotros no somos, como Aldo, el protagonista de *El mar de las Sirtes*, «de la raza de esos vigías para quienes la expectativa interminablemente defraudada nutre en su poderosa fuente la certeza del suceso». Nosotros no vemos venir nada de nada, ni promesas ni profecías, no las vemos los historiadores ni las ve nadie. Y si la literatura posee a veces esa presciencia, la instala en la ficción de un relato que se hace *a posteriori*. Dicho de otro modo, la verdadera comprensión del acontecimiento en curso se aplaza siempre hasta el momento en que alguien se ocupa de contarlo. Y esto es lo que la literatura sabe del acontecimiento histórico: a veces se presiente durante tanto tiempo que cuando por fin sucede es para manifestar un cambio que ya se ha producido. Cuando llega, es solo para decir que ya ha llegado, pues era a la vez imposible e inevitable, y no existía sino en esa espera que lo provoca, a fuerza de temerlo.[1]

A veces se apodera de uno con la virulenta claridad de un miedo infantil. Yo lo sentí en

1. Étienne Anheim, «Julien Gracq. L'œuvre de l'histoire», *Annales. Histoire, Sciences sociales*, año 65, n.º 2, 2010, pp. 377-416.

octubre de 2022 durante un viaje a Nueva York. Era justo antes de las elecciones que allí llaman *midterms*, y el miedo al regreso de Trump era tan pesado, tan denso, tan palpable, que la atmósfera resultaba irrespirable. ¿Qué fue entonces lo que me impulsó a entrar en la tristemente célebre Trump Tower, que años antes había hervido de entusiasmo y vulgaridad? ¿Entré, como los amotinados irrumpen en palacio tras la caída del tirano, para verificar que estaba vacía y desierta? Lo cierto es que no quedaba nada, nada salvo una mesa con el número 45, en alusión al 45.º presidente de Estados Unidos, que se destacaba al fondo del vestíbulo contra una pared forrada de barras y estrellas. Reinaba allí un gran silencio teológico, que aunaba el terror y la reverencia. Era el trono vacante de la parusía: había estado allí y ya no estaba, pero pronto volvería. Porque de eso se trata justamente: a fuerza de temerlo, precipitaremos su regreso. Un miedo infantil, decíamos, como el que siente el muchacho de *La conjura contra América*, ese libro brillante de Philip Roth que en el momento de su publicación se interpretó como una ucronía –¿y si el fascismo hubiera llegado ya al poder en Estados Unidos?–, cuando en realidad era el augurio de un futuro posible, que ensanchaba el pasado para ver venir el tiempo, el tiempo venidero, el tiempo que nos queda.

Ir hasta donde va la grieta para ver venir el tiempo

Cómo ver venir el tiempo, cómo *verlas venir*, es la cuestión que aquí nos ocupa. Ocupaba ya a Émile Zola, que quería hacer de la literatura una ciencia exacta, una ciencia de exploración de las grietas que van resquebrajando en silencio el edificio social y de las que, un buen día, acaba por emerger la gran transformación. Es Jacques Lantier, en *La bestia humana* (1890), quien expresa esta idea con mayor claridad: «La familia no estaba muy fina, muchos de sus miembros se habían resquebrajado. Él, a ciertas horas, sentía claramente esta grieta hereditaria [...] en el interior de su ser se daban repentinas pérdidas de equilibrio, como fracturas, agujeros por los que se le escapaba su yo, en medio de una gran humareda que lo distorsionaba todo. Ya no era dueño de sí mismo; obedecía solo a sus músculos, a la fiera enfurecida». En uno de sus textos más célebres, Gilles

Deleuze se tomaba muy en serio esta descripción de la pulsión de muerte que resquebraja la sociedad capitalista, subsumiendo los demás instintos y devolviendo al hombre a un salvajismo primitivo.[1]

¿Exagera Émile Zola? Desde luego que exagera. Exagera porque imagina. «En respuesta a quienes lo acusan de exagerar, [...] dice que nunca se irá demasiado lejos en la descripción de la descomposición, porque es necesario ir hasta donde va la grieta», escribe Deleuze. Durante la pandemia de COVID-19, Bruno Latour nos invitaba a trazar la cartografía de nuestras conmociones, pues las circunstancias no invitaban tanto a inventar un mundo nuevo como a hacer balance de nuestros afectos: a definir aquello a lo que nos aferramos, aquello a lo que no estamos dispuestos a renunciar bajo ningún concepto, así como a identificar lo que nos sostiene aún en pie, los asideros que nos permiten superar el vértigo. Se trataba, en suma, de recobrar el viejo reflejo de los conmocionados, de las víctimas de un seísmo que no se fían de la ilusoria seguridad de una casa que

1. Gilles Deleuze, «Zola et la fêlure», *Logique du sens*, París, Minuit, 1969, pp. 373-386. [Ed. en esp.: «Zola y la grieta», *Lógica del sentido*, trad. de Miguel Morey, Barcelona, Paidós, 1989.]

sigue en pie y descienden al sótano para ver qué se ha movido.

Juntos por separado, es decir, unánime y simultáneamente separados, nunca habíamos sido tan vulnerables. Por eso sería absurdo dar por concluido el inventario de esas grietas invisibles que se despliegan en resquebrajaduras superficiales. En realidad, desde una perspectiva psicosociológica y política, pero también literaria y filosófica, ese inventario apenas ha comenzado. Debemos admitir que, de tanto hablar de ello, creíamos ingenuamente estar diciendo algo. Ya se sabe que una epidemia es como una ocupación militar: invade el cuerpo y se adueña también de la conversación, de forma que es imposible hablar de otra cosa, es ensordecedor. En 2020, el virus se apoderó del mundo entero. ¿Recuerdan qué aspecto ofrecían las calles de nuestras grandes ciudades? Cuando llegó la pandemia, esas ciudades llevaban las marcas de la revolución en curso: la poderosa e inexorable revolución, felizmente necesaria para todas y todos, de las luchas feministas. Durante el primer confinamiento cabía pensar que, como decía Saint-Just, la revolución se había paralizado y «todos los principios habían perdido su pujanza». Bañados por la lluvia, desprendidos por el viento, los grandes carteles contra los feminicidios desaparecían, acallando esa gran cólera murmurada, reducida ahora a una huella a medio borrar.

Pero luego regresó con fuerza renovada, al tiempo que afloraban otras indignaciones para rebelarse contra otras asfixias. *I can't breathe*: el asesinato de George Floyd a manos de un policía en Minneapolis el 25 de mayo de 2020 causó una conmoción de proporciones mundiales, una réplica del movimiento Black Lives Matter iniciado en 2013. En Francia, dio pie a una gran manifestación en París el 2 de junio de 2020 –que había sido prohibida por la policía– en respuesta a la convocatoria del comité Verdad para Adama, dedicado a esclarecer la muerte del joven Adama Traoré cuatro años antes, después de ser detenido por la policía. Para buena parte de la juventud militante, el primer desconfinamiento fue el pistoletazo de la rebelión contra la violencia policial. Fueron muchos los que se asustaron, presintiendo que tan poderosa indignación no se aplacaría pronto. Una cosa era cierta, en todo caso: la catástrofe epidémica había invadido los cuerpos y los discursos, pero no había logrado eclipsar todas las desgracias que había contribuido en gran medida a agravar. Desde entonces –y esa fue la única buena noticia que nos trajo esa época– el sentimiento de injusticia frente a la violencia, el racismo o la desigualdad no ha dejado de afilar su cuchilla.

Si no una ley general, al menos podría extraerse de todo ello algo así como una regularidad: en toda situación catastrófica se produce una conjunción o un conflicto secreto entre dos catástrofes. La que se ve y se cuenta hasta ocupar todo el ámbito del lenguaje –la guerra suele desempeñar ese rol desde los días heroicos de la epopeya, y si no es la guerra, valdría cualquier otro acontecimiento «monstruo» descrito en términos marciales– y la que no se puede concebir y pasa desapercibida, pero socava en silencio, como quien no quiere la cosa, los cimientos de las sociedades políticas. Por eso la gente no siempre se expone a los peligros que le anuncian, e incluso en las situaciones políticas en que la amenaza parece identificada con claridad y se ha iniciado ya la cuenta atrás, es posible –como atestiguan tantos ejemplos históricos, antiguos y modernos– precipitar la catástrofe creyendo prevenirla.

¿Cuatro años son muchos o no lo son?

¿Valdría el mismo razonamiento para todas esas elecciones que se nos presentan como celebradas de antemano? Recordemos, para distender el ambiente, un *sketch* televisivo más bien bufo, y en apariencia inocuo, característico en este sentido de aquello en lo que se ha convertido hoy la vida política francesa. En él aparece el ministro de Trabajo, Olivier Dussopt, respondiendo, en plena crisis de la reforma de las pensiones, a las preguntas de Yann Barthès en el programa *Quotidien* del 11 de abril de 2023. Con su voz meliflua y su sonrisa tristona, Dussopt resulta un tanto ridículo, en franco contraste con la magnitud de su rechazo político y la brutalidad social de las medidas gubernamentales que defiende mal que bien. «Curioso personaje, tan poco a tono con su cargo», escribía unos días después Nicolas Mathieu, deseoso de retomar la novela nacional que se estaba escribiendo.[1] Como es su costumbre, el presentador dispone amablemente en las narices de su invitado, archivos televisi-

---

1. Nicolas Mathieu, «Retraites: le roman national est à nous», *Libération*, 20 de abril de 2023.

vos mediante, las pruebas de la doblez de su discurso público, y cabe preguntarse si los divertimentos televisivos de esta clase sirven para denunciar la «falsedad del discurso» o para habituarnos a ella mediante un par de burlas cómplices.

¿Cómo pueden seguir mintiendo por los codos, los políticos, cuando deberían saber que hoy día es imposible que un engaño pase desapercibido? Lo que pasa es que, en el mundo de la transparencia digital, el *fact-checking* es rey; solo que es un rey sin poder, que es además su propio bufón. Una y otra vez desenmascara la mentira para que esta quede impune. En su resolución del 14 de abril de 2023, que ratificaba el grueso de la reforma de las pensiones, el Consejo Constitucional reconocía abiertamente «el carácter engañoso de la información transmitida al Parlamento», lo que habría podido bastar para derogar la ley. Pero consideraba también que los artificios o aproximaciones del gobierno podían haber sido corregidos por sus oponentes, que contribuyeron así, sin comerlo ni beberlo, a validar la reforma que combatían. Así nos hemos de ver. Pensábamos que tras su investidura, el 20 de enero de 2017, Donald Trump había establecido un récord imbatible en la negación de la realidad al afirmar, a despecho de multitud de pruebas inmediatamente verificables, que la asistencia a la ceremonia había sido más numerosa que en la investidura de su predecesor, Barack Obama. Y el mundo entero reía y comentaba sin cesar el absurdo implícito en la justificación que daba al día siguiente el departamento de comunicación de la Casa Blanca: la administración de Trump «no afirma falsedades sino hechos alternativos». Fue algo grotesco, inconcebible, pero terriblemente eficaz. Y, lo que es más, marcaría la pauta: cinco años después, casi todo el mundo asiste a una vertiginosa degradación del discurso político, un empeoramiento generalizado de nuestra relación con la verdad objetiva, que brinda oportunidades sin precedentes a las tentaciones autoritarias. En el caso de Francia, el resultado, que vale la pena comparar a aquella mentirijilla trumpista de 2017, es el siguiente: la cifra de presuntos beneficiarios de la pensión máxima, fijada en 1.200 euros, ha pasado de más de 2 millones (según declaraciones del diputado Karl Olive el 10 de enero de 2023) a menos de 20.000 («precisión» hecha por el Ministerio de Trabajo el 28 de febrero del mismo año).

Pero volvamos a Olivier Dussopt. Porque aquel día Yann Barthès no le interrogaba sobre tan brutal recorte, sino sobre una declaración contradictoria y mucho más trivial, en apariencia. El ministro había declarado, con pocas horas de diferencia, que «2027 está a la vuelta de la esquina» y que «el 2027 queda aún muy lejos». ¿Quedaba poco o mucho, entonces? Porque había que elegir entre una cosa y otra, ¿no? Risas entre el público. El ministro esboza entonces su enigmática sonrisilla azorada. Por supuesto que no, dice, no hay por qué elegir. Eso dependerá de las necesidades del discurso. Así, del tiempo que nos queda se dirá alternativamente, y sin caer en la menor contradicción, que todo es posible, pero no tenemos elección.

Y ni se les ocurra preguntarle a un historiador si cuatro años son muchos o no lo son. Si se las da de erudito, les soltará una parrafada pedante sobre la heterogeneidad del tiempo en sí, de todos esos tiempos más antiguos que perduran, o no, en la densidad del presente. O podrá hablarles, más llanamente, desde nuestra experiencia común, pero siempre dispar del paso del tiempo, de lo que significa no vivir de forma contemporánea el correr de los años. Para un niño que está creciendo, un obrero en apuros, un enfermo en remisión o alguien que aguarda a un ser querido, cuatro años pueden resultar interminables. Para los millonarios y la gente ocupadísima, en cambio, pasarán en un suspiro. Y para mí, pues no lo sé, puede que ambas cosas, según las circunstancias.

El tiempo restante

Hay un relato breve de Stefan Zweig, publicado en 1941 con el título de «El pescador junto al Sena», que describe con gran penetración esa falta de contemporaneidad de las distintas temporalidades.[1] La acción transcurre el 21 de enero de 1793, día de la ejecución de Luis XVI; a orillas del Sena, a pocos pasos de la plaza de la Concordia, donde se alza la guillotina, unos hombres están pescando: «Dando la espalda a aquel espectáculo único, concentraban su atención en sus respectivos corchos, que flotaban en el río. Ni siquiera volvieron la cabeza cuando los vítores de la multitud anunciaron

1. Stefan Zweig, *Mondes nouveaux, «L'échec de Wilson» et autres textes*, París, Rivages, 2020. [Ed. en esp.: *El misterio de la creación artística y otros ensayos*, trad. de Alfredo Cahn, Sevilla, Ulises, 2022.]

que acababa de consumarse el mayor acontecimiento en los anales de la historia de su país». Decía Zweig que se enteró de aquel episodio gracias a una crónica, aunque es probable que lo leyera en la novela de Anatole France *Los dioses tienen sed* (1912). Y añadía que probablemente no «creyó en su veracidad» durante su juventud, en aquel «mundo de ayer» exento de todo drama, el mundo de la seguridad. Hoy, sin embargo –y ese hoy suyo era el del año 1941–, «no dejaría de apuntar esta anécdota de los pescadores a la orilla del Sena en ningún libro de historia».

¿Por qué? Porque tras pasar por una guerra estaba convencido de la imposibilidad de vivir intensamente todos los acontecimientos a los que uno asiste. Por eso deberíamos ser justos con los pescadores a la orilla del Sena. Al fin y al cabo, como dice Stefan Zweig, solo somos seres humanos y tenemos un solo corazón, «un corazoncito de nada, que no puede albergar más que cierta dosis de desdichas. No es que seamos insensibles, no, lo que pasa es que ocurren demasiadas cosas en estos "tiempos históricos"». Pensemos un poco en el momento que les tocaba vivir a esos pescadores: habían pasado cuatro años desde el comienzo de la

Revolución; en 1789, todo el mundo podía dejar la caña de pescar y unirse a la muchedumbre para participar en el entusiasmo general, pero qué se le va a hacer, la gente se cansa, y «al cuarto año, su implicación había empezado a menguar». Recuerdo una conversación que tuve con unos amigos tunecinos, activistas en las revoluciones árabes: corría el año 2015 y hacía ya cuatro que Ben Ali había sido derrocado. No era solo el peso de la desilusión el que los abrumaba, sino también el cansancio de haber pasado tanto tiempo alejados de sus respectivas vidas privadas para consagrarse a las causas colectivas: estamos en 1793, me decían, y amenaza borrasca.

Sí, en cuatro años pueden pasar muchísimas cosas: puede empezar y terminar una guerra como puede prender y apagarse el entusiasmo de una revolución. Cuatro años dan tiempo para dudar, fracasar, desmoralizarse y volver a empezar. Y también para no hacer nada, de tanto esperar o desesperar. Para entregarse en cuerpo y alma a la tiranía de los relojes ficticios. «Nuestra casa está ardiendo y miramos para otro lado»: la cita procede del famoso discurso de Jacques Chirac el 2 de septiembre de 2002, durante la asamblea plenaria de la IV Cumbre de la Tierra, celebrada en Johannesburgo. En efecto, todo podría transcurrir como en la clásica pesadilla, la más común de todas, que aúna el desastre y la impotencia. Arde la casa y tengo que huir, lo sé, lo veo, pero me faltan las piernas, o estas no pueden sostenerme. O peor aún: puedo correr, pero me olvido de hacerlo, sé bien que debería salir por piernas, solo que tengo la cabeza en otras cosas, en mil molestias insignificantes que acaparan toda mi atención... y a la hora de la verdad estoy tan distraído que no sé muy bien cómo hacer para evitar la catástrofe. Nada nos asusta más que esa impotencia. Pero el quid de la cuestión es este: si los pescadores del Sena dan la espalda al acontecimiento, puede que tengan sus razones, y que no sean solo las razones egoístas y frívolas de quien se entrega a sus pequeños quehaceres. No es que sean unos tipos impasibles o unos holgazanes, no, es solo que han decidido mirar hacia otro lado. Pero eso no significa que se queden con la mirada perdida. ¿Qué ven? No tanto la posibilidad de morir antes del tiempo que les queda, como la de vivir el tiempo restante.

De la rabia contra la inatención a la higiene de la indiferencia: final de partida

Sea como fuere, es evidente que si nos atenemos a la breve cronología de los plazos electorales –porque, a fin de cuentas, para eso sirve la política institucional, para eso y nada más: para nombrar el tiempo con comodidad, no para darle prestigio, sino para establecer puntos de referencia sencillos, no a la manera suntuosa de *Los años* de Annie Ernaux (2008) sino a la manera tragicómica y aparentemente banal de *Una vida francesa*, de Jean-Paul Dubois (2004), en la que se suceden fríamente «los años de Pompidou», «los años de Giscard», etc.–, el 2027 debería importarnos un rábano. Lo que quiero decir es que no vale la pena consumirse en esta espera, en este anhelo, en este temor, ni bailar al compás artificial que siguen tratando de marcar los petimetres de los relojes que hoy pretenden gobernarnos, manteniendo en pie la ilusión de su poder mediante la manipulación rutinaria de una agenda política hecha de efectos propagandísticos, giros lingüísticos y calendarios artificiales.

Hay una página extraordinaria en la *Historia de la Revolución francesa* (1847-1853) en la que Michelet refiere cómo el pueblo de París, «ingenioso en su venganza», decidió recibir a los reyes al regreso de su huida a Varennes, el 21 de junio de 1791, con una «excomunión de silencio»: «Nadie se quitó el sombrero ni se oyó una sola palabra entre la muchedumbre; el vasto silencio que reinaba en aquel mar de gente era algo terrible». Y por supuesto que cabe soñar con una defenestración simbólica de esta clase, en la que el poder abdique ante una confabulación de indiferencia a gran escala, sin recibir siquiera la limosna de una humilde cacerolada.

Pero no caerá esa breva. En esta época de canales de noticias 24 horas, siempre habrá algún periodista motorizado para retransmitir el cortejo en tiempo real, por infame que sea. Sin embargo, sí podemos disciplinar nuestra atención, tratar de moderar el excesivo interés que nos merece y mirar hacia otra parte, ejercitando una especie de ascesis o, cuando menos, cierta higiene de la atención. En 2027 yo votaré, como siempre he hecho, y reflexionaré como todo el mundo, el mismo día y puede que la víspera. Haré lo que tenga que hacer o lo que crea que debo hacer, pero hasta entonces, *basta*, aparquemos ya el asunto, es demencial el tiempo que perdemos con todo esto.

Y valga apuntar de paso que esa emotividad omnipotente de la política se delata en el lenguaje corriente, que en sus giros y vericuetos inadvertidos sabe mucho más que nosotros sobre el gobierno que nos ha tocado en suerte. ¿A cuántos de estos adalides de la pureza del sentimiento político no habremos oído decir, la víspera de unas elecciones: «yo es que no me veo votando a *fulano*»? Como si la papeleta electoral fuera un espejito en el que uno busca su mejor perfil, un *selfie* para producir otra imagen de uno mismo, favorecedora a ser posible, cuando en realidad es solo una apuesta de futuro, una apuesta que no dice nada esencial o definitivo sobre quien la hace, sobre todo cuando uno sabe por experiencia que cuando uno apuesta –y más aún si su apuesta es política– tiene muchos números de perder.

Del segundo mandato de Emmanuel Macron se ha dicho en más de una ocasión que cuatro años más así pueden hacerse muy largos. Y es verdad, siempre que uno les preste atención o espere algo de ellos. Pero también cabe retomar vocabulario político ritual de Michelet al describir el penoso regreso de Luis XVI como el negativo de una entrada real y decir: ha caído el telón y no hay más que hablar. El fracaso político es tan patente que no vale la pena detenerse mucho en él, y decir que el tiempo que queda será un epílogo del macronismo es decir demasiado. No hay ninguna necesidad de ensañarse: la obstinación del presidente en implantar la reforma de las pensiones a costa de una crisis de legitimidad democrática sin precedentes nos proporciona por sí sola un balance definitivo de su mandato. ¿Habremos olvidado ya lo que dijo durante la epidemia de COVID-19? Afirmaba entonces el presidente que la preservación de la vida humana, de toda vida humana, era de ahí en adelante un principio innegociable del gobierno, y que se acordaría de los sacrificios de los trabajadores que se encontraban en primera línea, aquellos para los que el confinamiento no fue ese recreo exquisito que tanto disfrutaron nuestros literatos, aquellos que se exponían a más riesgos que el aburrimiento. Hoy, concluida la epidemia, el riesgo de morir entre los treinta y los sesenta y cinco años es en Francia tres veces y media más alto para un obrero no cualificado que para un profesor.[1] Datos sóli-

1. Didier Fassin, *De l'inégalité des vies*, París, Fayard, Collège de France, 2020. [Ed. en esp.: *De la desigualdad de las vidas*, trad. de Margarita Polo, Collège de France, París, 2023.]

dos e impactantes como este deberían ser la única brújula de cualquier política pública. Al aumentar para todo el mundo la edad legal de jubilación, la reforma se orienta a las claras en la dirección opuesta. Ha caído el telón. O, por decirlo desesperada y beckettianamente: final de partida, rumbo a peor.

Por lo demás, es probable que este macronismo terminal no sea más que un autoritarismo sobre un fondo de capitalismo asilvestrado, semejante al gaullismo, pero sin su grandeza, reducido al mercantilismo, la diplomacia con el África francófona y el colapso de las libertades públicas, puesto que el gobierno no posee ya ninguna autoridad para negarle absolutamente nada a su fuerza policial. Y para ponerle la guinda, unos cuantos dislates sobre el islam, la inmigración, la «descivilización» o, por qué no, la enseñanza de la historia. Eso que Emmanuel Macron acaba de llamar, mientras escribo estas líneas, «recuperar el músculo ejecutivo». Pero seguro que cuando las lean ustedes ya habrá otras ocurrencias igual de pueriles que comentar.[1] O no,

1. Emmanuel Macron, «Il faut s'atteler à reciviliser», entrevista con Étienne Gernelle, Mathilde Siraud y Valérie Toranian, *Le Point*, 23 de agosto de 2023.

insisto, si decidimos que no tenemos más tiempo que perder.

«El ascenso del Frente Nacional»

Yo no tenía ni veinte años cuando el partido de Jean-Marie Le Pen emprendió su larga escalada electoral (con el famoso 11% en las elecciones europeas de 1984); y tendré más de sesenta cuando su hija parta entre los favoritos para ganar las elecciones de 2027. Toda una vida política intimidado o narcotizado o estafado –ya no sé cómo llamarlo– por la misma cantinela: «El ascenso del Frente Nacional». No es como para estar orgulloso, la verdad. El 21 de abril de 2002, la eliminación de la izquierda en la primera vuelta de las elecciones presidenciales francesas me dejo estupefacto, como a tantos paisanos míos. Antes de recuperarme del shock, escribí un texto que acabó en la sección de cartas al director de *Libération*, enterrado entre un sinfín de jeremiadas por el estilo. Ya no lo puedo abrir en mi ordenador, que me hace saber ahora sin la menor compasión que está en un formato digital antiguo y ya no es compatible. No es una gran pérdida. Creo recordar que me agarraba entonces, como suelo hacer en los momentos de peligro, a ese pensamiento fundamental de Walter Benjamin: la verdadera catástrofe no está en el suceso inesperado, sino en que todo siga igual de mal, porque nadie encuentra el modo de evitarlo.

Aquel fue el discreto comienzo de mi brevísima carrera como articulista de opinión. Es un papel que siempre me ha resultado incómodo, reacio como soy a blandir posturas y firmas. Hasta la fecha solo he escrito uno, en 2018, para denunciar la indignidad de la política gubernamental ante la crisis migratoria. Afirmaba ya entonces que había llegado la hora de la verdad, la hora de decidir si queríamos seguir rodando por esa pendiente implacable que, en nombre de una gestión realista, nos aleja de las realidades de este país, puesto que a un poder injusto no se le puede oponer la belleza de los ideales, sino la realidad práctica: «ese momento ha llegado; y quizá no vuelva a presentarse», decía.[1] El peligro de los artículos de opinión no es solo el de caer en lo pomposo; también se corre el riesgo de que los hechos, so-

1. Patrick Boucheron, «Jamais le gouvernement actuel n'a été aussi loin dans le mépris des droits humains», *L'Obs*, 10 de enero de 2018.

bre todo cuando son desagradables, acaben por darle a uno la razón. Como todos los profetas de mal agüero, uno preferiría lógicamente que los hechos lo contradijeran y lo tranquilizaran.

¿Qué es lo que está sucediendo? Por ceñirnos a lo que Michel Foucault llamaba un «caso crítico» –en este caso, el de la crisis de acogida de los refugiados, producto de una instrumentalización continua, sistemática y pertinaz del racismo y la xenofobia, que solía ser prerrogativa de la extrema derecha y hoy es la base ideológica que comparte con ella la derecha del gobierno, sin el menor remordimiento o compunción–, estamos asistiendo efectivamente a esa clase de catástrofe que tarda en consumarse y que no es un suceso inesperado sino una prolongación. Los sutiles artífices del «arco republicano»,[1] conscientes de que ningún partido puede aspirar a ganar unas elecciones en Francia a menos que se enfrente a la Agrupación Nacional, nos venderán una vez más el cuento de la democracia en peligro, pero lo que hacen en realidad es designar a sus sucesores

1. Así se conoce en Francia a la coalición de varios partidos centristas, socialdemócratas y de la derecha moderada que propuso un gobierno «republicano» o «demócrata» para hacer frente al «populismo» de la izquierda y la derecha. *(N. del T.)*

eligiendo a sus adversarios. Si estos últimos llegaran al poder, podrían servirse tranquilamente de todos los instrumentos políticos, legislativos y policiales que les habrán preparado quienes fingen combatirlos. Basta con haber participado en alguna manifestación de estos últimos años para entenderlo: poco a poco, nos están habituando a ello.

¿Un laboratorio italiano?

¿Significa esto que la llegada al poder de Marine Le Pen no cambiaría nada? Por supuesto que no. Todo cambiará, solo que no como esperamos. Para un historiador de la Italia medieval enfrentado a la idea común –simplona, aunque no va del todo desencaminada– de que la península itálica es un laboratorio en el que se ponen a prueba formas políticas con vistas a implantarlas luego a escala continental –Europa es, desde esta perspectiva, una especie de Italia de grandes dimensiones–, es fascinante constatar la poca atención que se presta, sobre todo en Francia, al precedente italiano. No hay el menor riesgo de contaminación, por supuesto. Igual que en febrero de 2020, cuando la violenta epidemia que se abatió sobre Bérgamo y la Lombardía no nos mereció más que un aspaviento de asombro incrédulo: ¡Pero si eso queda lejísimos, al otro lado de los Alpes! ¡Nunca llegará hasta aquí!

Y eso que contamos con precedentes de sobra para que salten las alarmas: ya en 2015, el farol que se marcó Matteo Renzi prefiguraba el de Emmanuel Macron, y la calamitosa aventura del movimiento Cinque Stelle de Beppe Grillo debería habernos prevenido contra la tentación del populismo pretendidamente de izquierdas. Por no hablar del precedente primero, matricial, el berlusconismo, que ha legado a sus continuadores una receta infalible: para provocar el colapso veloz y duradero del espíritu público, hay que empezar por la destrucción televisiva de la diversidad cultural. No hace falta invocar ninguna teoría sofisticada de predicción política para reconocer la eficacia de ese gran precursor: basta observar la influencia que ha tenido, a escala europea y sin duda mundial, en la noción misma de la experiencia política, que no deja de mostrarles a los poderosos hasta dónde pueden llegar. Y no creamos que esa estrategia, que consiste en poner a prueba de continuo los límites del adversario, solo es aplicable a los grandes tiranos de nuestro tiempo, a Vladímir Putin o a Recep Tayyip Erdoğan.

Pensemos por ejemplo en la primera de las «Veinte lecciones del siglo XX» que el historiador norteamericano Timothy Snyder, especialista en la historia del nazismo y el estalinismo, reunió a toda prisa en la vorágine del año 2017 bajo el título de *Sobre la tiranía*. No se trata aquí de contar historias del siglo XX, sino de extraer lecciones del siglo XX: aunque la historia no se repita, sí nos instruye sobre las posibilidades de la conducta humana, por poco que esa historia sea, como decía Hannah Arendt, el arte de recordar de qué son capaces los hombres en sociedad. Timothy Snyder nos pone en guardia, por ejemplo, contra lo que él llama la «obediencia anticipada», recordando que en 1938 «la obediencia anticipada de los austriacos les abrió a los dirigentes nazis todo un espectro de posibilidades». El historiador extrae, pues, esta lección (que yo prefiero llamar *advertencia*, en la lengua clásica) para nuestros días: «Por lo general, el poder del totalitarismo se consiente libremente. En épocas como esta, los individuos discurren por anticipado qué querrá un gobierno más represivo y luego se lo ofrecen sin mediar consulta ni petición. Un ciudadano que se adapta de tal modo le está mostrando al poder hasta dónde puede llegar».[1]

Creo que es ahí donde nos encontramos, o puede que un poco más allá, si hemos de prestar oído a las *cose d'Italia*, como diría Maquiavelo, esas cosas políticas que se han ido deteriorando en la Italia de Giorgia Meloni desde finales de 2022. ¿Qué le sucede a una gran democracia europea cuando está dirigida por una jefa de gobierno ultraderechista, al frente de una coalición de toda la derecha, que finge moderación al tiempo que todo su entorno se va radicalizando? Aunque el punto de inflexión es real, tal vez no se sitúe donde creemos; no en términos del discurso habitual, en todo caso. Por ejemplo, no se puede registrar una auténtica escalada en la vehemencia de sus declaraciones: el discurso público estaba ya tan corrompido que es difícil caer más bajo. ¿Quién podría ser más grosero que Matteo Salvini? Quienes derriban una a una las barreras

1. Timothy Snyder, *De la tyrannie. Vingt leçons du XXᵉ siècle*, París, Gallimard, 2017. [Ed. en esp.: *Sobre la tiranía. Veinte lecciones del siglo XX*, trad. de Esther Cruz Santaella, Barcelona, Salamandra, 2022.]

del lenguaje no son necesariamente los que luego logran introducirse por la brecha, pero allanan el terreno a la efracción, desgastando poco a poco las defensas democráticas, royéndolas hasta el hueso. En el ámbito del hundimiento moral a través de la degradación del lenguaje, las comparaciones con los actores de la vida política francesa son poco menos que inevitables.

No se trata de un brote del discurso de odio ni de un frenesí legislativo: lo que ocurre en Italia es un fenómeno de otro orden. Es bien conocida aquella frase de *El gatopardo* (1958): «Si queremos que todo siga igual, es preciso que todo cambie»; lo que no lo es tanto es que Giuseppe Tomasi di Lampedusa parafraseaba a Maquiavelo, que en sus *Discursos sobre la primera década de Tito Livio* (1517) aconsejaba a quien quisiera reformar la constitución de un régimen: «conserve al menos la sombra de las antiguas instituciones».[1] Giorgia Meloni se inscribe así en la continuidad de la catástrofe en curso, y sería fácil caer en la ilusión dramática de que su llegada no ha cambiado nada.

1. Carlo Ginzburg, *Néanmoins. Machiavel, Pascal*, Lagrasse, Verdier, 2022.

Porque las herramientas legislativas y lingüísticas que sus predecesores y presuntos rivales le han legado le bastan y le sobran para aplicar su política.

Actualmente, el gobierno italiano no tiene ninguna necesidad práctica de cambiar la ley sobre el aborto, por ejemplo. Como se vio enseguida en Ancona o en sus «marchas», la acumulación de cambios normativos, incentivos administrativos e intimidaciones ideológicas ha hecho que la interrupción voluntaria del embarazo, pese a no estar prohibida, resulta imposible de facto.[1] Atentar contra los derechos de las mujeres, arremeter contra las minorías sexuales y de género, oprimir a los extranjeros, debilitar a los cuerpos intermedios y, de paso, humillar a los intelectuales: tal es el programa de esta contrarrevolución cultural europea cuyo semillero hay que buscarlo en la Europa central y especialmente en Hungría: como si, por una repentina inversión de la historia, la *Mitteleuropa*, antigua cuna del cosmopolitismo, se hubiera convertido en el corazón venenoso del nacionalismo étnico, bajo

1. Véase, en particular, la serie de reportajes publicada por Joseph Confavreux, «L'extrême droite au pouvoir: le cas italien», *Médiapart*, 5-14 de mayo de 2023.

cuya bandera se expande hoy el populismo autoritario.[1]

Cuando los fantasmas pesan

¿Cómo habría que llamar entonces a los movimientos políticos que en todas partes abogan perniciosamente por legitimar las ideologías de la desigualdad natural y se oponen al reconocimiento democrático de los derechos humanos? El eterno debate sobre las taxonomías políticas es agotador, sí: recuerdo que cuando era estudiante estuve a punto de colgar los estudios de historia ante la abrumadora perspectiva de tener que disertar durante el resto de mi vida sobre lo que fueron el feudalismo o el fascismo francés. Pero, aunque a estas alturas deberíamos saber que no convenceremos a nadie deshonrándolo con un viejo calificativo, por muy cargado que esté de crímenes pasados, sería también una renuncia moral consentir en describir a la extrema de-

1. Patrick Boucheron, «Ce qui manque à l'Europe», en Patrick Boucheron, Antonio Negri, Thomas Piketty, Myriam Revault d'Allonnes y Élisabeth Roudinesco, *Une certaine idée de l'Europe*, París, Flammarion, 2019, pp. 11-47.

recha que gobierna Italia, por remitirnos al ejemplo precedente, con el eufemismo de posfascista.

Como si el fascismo hubiera quedado atrás y no nos concerniera ya, como si *lo hubiéramos superado*. Los fascistas no volverán de la misma guisa, por supuesto, no habrá en Roma desfiles de camisas negras, y sería simplista pensar que la historia se repite como reincide un delincuente o un enfermo sufre una recaída. Los viejos fascistas no volverán, a menos que lo hagan como fantasmas, esos seres profundamente históricos que llevan una fecha como un monograma cifrado y tanto nos pesan. «La tradición de todas las generaciones pesa sobre el cerebro de los vivos», escribió Marx, que añadió esta precisión crucial y, sin embargo, olvidada o tergiversada en las traducciones habituales, *lastet wie ein Alp*: «pesa sobre ellos como un fantasma».[1] ¿Tanto pesa un espectro? En todo caso, la pesadilla pesa, como su nombre indica. Es esa «yegua de la no-

1. Jacques Derrida, *Spectres de Marx. L'état de la dette, le travail du deuil et la nouvelle Internationale*, París, Galilée, 1993, reed. 2006. [Ed. en esp.: *Espectros de Marx. El Estado de la deuda, el trabajo del duelo y la nueva Internacional*, trad. de José Miguel Alarcón, Madrid, Trotta, 1998, reed. 2012.]

che» –traducción literal de *nightmare*, del francés antiguo *cauquemaire*– que bien podría ser hoy el caballo del *Guernica*, mientras se cierne sobre nosotros el espectro de la década de 1930.

«Es algo que percibo y hay días que noto que empieza a pesar y me digo que tal vez sea esto lo que los libros de historia de la educación secundaria llamaban "la escalada del peligro" para definir, cómoda y retrospectivamente, los años treinta en Europa. Hace tiempo que me pregunto qué consecuencias tiene sobre el cuerpo, el corazón y el alma vivir en una época en que, de un año para otro, todas las señales pasan al rojo: ¿Nos percatamos de ello? ¿Somos conscientes de la gravedad de la situación? ¿Pensamos en ello, soñamos con ello? ¿Nos dejamos sorprender? ¿Nos sentimos impotentes? ¿Decidimos tomar cartas en el asunto? Y si es así, ¿de qué manera? ¿Pensamos en huir, si podemos? ¿En qué momento?»[1]

Hace mucho tiempo. Mathieu Riboulet escribió esto en 2015, en un libro que escribimos al alimón y en el que tratábamos de ejercer,

1. Patrick Boucheron y Mathieu Riboulet, *Prendre dates. Paris, 6-14 janvier 2015*, Lagrasse, Verdier, 2015.

plantando cara a los tiempos, nuestro oficio de existir. Yo soy el superviviente. Y aunque siempre quisimos evitar la atribución personal de los textos, quiero dar fe aquí que esas líneas eran suyas. No solo para poder citarlas, sino para presentarme ante ustedes como alguien que estaría encantado de responder a todas esas preguntas, pero sabe que no podrá hacerlo. Porque hace tiempo que renuncié a rastrear esas certidumbres de historiador que describen impávidamente el curso del tiempo, como causalidades ineluctables. Hélène Cixous, cuya prosa tenaz nos muestra la valentía de tener miedo, lo expresaba con gran acierto en su libro *1938, nuits*, restituyendo el principio de incertidumbre a la historia del tiempo, que siempre acaba por faltarnos. Cixous trata de entender por qué su abuela Omi seguía en Osnabrück en noviembre de 1938, en cuyo horizonte se acumulaban desde hacía tiempo los más negros nubarrones, que habían llevado a su hija Eve a huir cinco años antes: «¿Quién vela allá arriba o en el fondo de nuestra alma para que obedezcamos siempre, como insensatos, al demonio del contratiempo?».[1]

1. Hélène Cixous, *1938, nuits*, París, Galilée, 2019.

Podríamos seguir, pero será mejor dejarlo aquí. ¿Y ahora qué hacemos? Cuando soplan en el mundo vientos tan dañinos, la tentación de buscar refugio es casi irresistible. Y eso hay que hacer, sin duda, buscar refugios donde el pensamiento sea inexpugnable. Con su confianza en las instituciones y su ceguera a la obediencia anticipada de sus dirigentes, que siempre acaba por poner esas instituciones al servicio de lo que deberían prevenir, los intelectuales suelen reaccionar con cierto retraso. Cuando se dan cuenta de que la universidad, la empresa cultural o los medios públicos donde trabajan se cierran en torno a ellos como una red, no dan crédito. Qué le vamos a hacer si fueron buenos estudiantes y siempre han creído que el mérito se recompensa. No se han percatado de que hace ya algún tiempo que, a base de ignorancia militante o cálculos políticos, el espacio de lo posible ha ido menguando. No han entendido que si la universidad los abandona es porque la universidad se ha abandonado.

De eso estoy hablando aquí y no de otra cosa: de cómo organizar el propio pesimismo para no perder las esperanzas durante el tiempo que nos queda, de cómo asumir el papel que nos toca en la batalla que hay que librar, poniendo el trabajo de nuestro pensamiento al servicio de todas y todos. En este caso, el de un historiador que, sin querer sermonear ni sentar cátedra, expone lo que cree haber comprendido a través del estudio y los encuentros –eso que Maquiavelo llamaba «la larga experiencia de las cosas modernas y la continua lectura de las antiguas»–, no tanto para predecir los tiempos que se avecinan como para decir lo que los tiempos están haciendo de nosotros. Empezando tal vez por reconocer honestamente la parte de voluntad y valentía que nos han arrebatado. Mientras las amenazas se acumulan en derredor, hay tanto que hacer para tratar de impedir que todo siga yendo a peor, tantas luchas concretas que librar, tantos focos incandescentes de efervescencia política, tanta inventiva y tanto coraje, que es tentador unirse a ellos sin más y mandarlo todo, nuestros libros y nuestros escrúpulos, a paseo. Renunciar sería un sacrificio cruel y sabemos que, salvo en algunos casos excepcionales de heroísmo, esta clase de revolución cultural corre el riesgo de caer en la fascinación de la violencia, pues demasiado a menudo se hace pagar al más débil el precio de nuestra propia abnegación. Pero, al fin y al cabo, ¿por qué no?

Si, por mi parte, creo que ha sonado ya la «hora de la exactitud» a la que se refería Marc Bloch, esa hora en la que estamos obligados a llamar a las cosas por su nombre e inventar palabras nuevas que respalden la acción, es por lo que dice de todo ello la gran literatura antifascista. No por ceder a una de las indignidades de nuestros tiempos, que consiste en confundirnos con los héroes de aquellos dramas colosales: cierta izquierda radical, en particular, adopta hoy la pose de una clandestinidad sin peligro, que le lleva a compartir con sus presuntos adversarios identitarios la concepción de una verdad indivisa, exenta de toda implicación, cuando lo que habría que aprender, como defiende la gran pensadora del ecofeminismo Donna J. Haraway, es a «seguir con el problema».[1] No: si hay que leer sin descanso a todos aquellos que, con la espalda contra la pared, se alzaron contra la barbarie, es porque sus pequeñas victorias, pese a no haber evitado

1. Donna J. Haraway, *Vivre avec le trouble*, Vaulx-en-Velin, Les Éditions des mondes à faire, 2020. [Ed. en esp.: *Seguir con el problema. Generar parentesco en el Chthuluceno*, trad. de Helen Torres, Bilbao, Consonni, 2019.]

la gran debacle, constituyen un acervo de experiencias, lleno de promesas que siguen esperando hacerse realidad. Como las de Ernst Bloch en *Herencia de esta época*, que a partir de 1935 escribe la crónica de la derrota y se plantea la única pregunta válida, la más dolorosa –¿cómo hemos llegado hasta aquí?–, al tiempo que imagina «una posible reanudación de la vida democrática y la energía emancipadora». Recurriendo a la historia, entre otras cosas, pues como bien dice en una frase admirable, «solo es fecunda la evocación que es también un recuerdo de lo que queda por hacer».[1]

Esto es, pues, lo que a mí me queda por hacer con la historia en este momento tan particular en el que la investigación a cargo de los jóvenes es abundante y generosa, en el que disponemos aún de los medios para compartirla con un público amplio y diverso, en el que esa investigación se reclama, acoge y alienta en muchos sitios, pese a ser despreciada por los poderes públicos como nunca hasta la fecha. Precisamente porque esa ignorancia militante

1. Georges Didi-Huberman, *Imaginer recommencer. Ce qui nous soulève, 2*, París, Minuit, 2021. [Ed. en esp.: *Imaginar recomenzar. Lo que nos levanta, 2*, trad. de Juan Calatrava Escobar, Madrid, Abada, 2023.]

nos abruma, sería una temeridad renunciar a la búsqueda de nuevas conjuras de la inteligencia allá donde podamos encontrarlas. Esa fue la valentía y la tenacidad de Maurice Olender cuando apelaba, hace treinta años, a la vigilancia contra la tolerancia por parte de ciertos intelectuales de expresiones racistas aún eruditas o al menos más prudentes.[1] Hoy esas expresiones parecen irreconocibles, cuando en todas partes, o poco menos, triunfan sin pudor ni escrúpulo alguno sus formas más «desacomplejadas». No hay que olvidar que, en la política, las cosas más terribles comienzan siempre de forma inteligente. Lo que quiere decir que no será una total pérdida de tiempo concebir, para más adelante y con el mismo nivel de exigencia, algún modo de molestarles. Porque también es eso, un escrúpulo: una piedrecita afilada, *scrupulus* en latín, que cuando se le mete en la sandalia al soldado romano puede hacerle cojear, hasta entorpecer la marcha de toda la legión.[2]

No escribo para liarme a golpes, ni siquiera para detener los que nos asesta la maldad de

1. «Appel à la vigilance», carta de cuarenta intelectuales franceses y europeos, *Le Monde*, 13 de julio de 1993.
2. Edwy Plenel, *L'Appel à la vigilance. Face à l'extrême droite*, París, La Découverte, 2023.

nuestros tiempos, sino porque me sigue pareciendo justo y necesario que los libros establezcan puntos de ruptura. No por ceder a la creencia de que los libros cambian el mundo, tan reconfortante para los literatos, sino porque es razonable pensar que los cambios históricos van siempre escoltados por ciertos textos que, precediéndolos o imaginándolos a distancia, siguen su propio camino. Por eso trataré de defender siempre y en todo lugar la causa de los libros: los que escribimos y aquellos cuya escritura acompañamos, los que leemos y los que damos a leer, los que esperan pacientemente en la biblioteca a días mejores y los que, impacientes, se echan a correr mundo en otras formas y con otras voces, librándose a ese movimiento de *entrega* que es la vida misma.

Una cosa más, tan solo, si les queda un momento. Todo esto no puede llevarse a cabo sin alegría. Precisa de una alegría feroz, hecha de paciencia y de arrebatos, de mansedumbre y de fervor: una alegría espinosista, en suma. No nos protegerá de nada, por supuesto, y las más de las veces nos expondrá a la mofa o a la violencia, pero cuando circula de cuerpo en cuerpo es algo irrefutable. *Como si fuéramos invenci-*

bles, que dicen los niños. Y lo dicen de mentira, claro, pero no hay nada más serio ni más
duradero. Yo tuve el honor y la dicha de com-
probarlo en 2018, cuando el coreógrafo Boris
Charmatz se basó en los textos de la *Histoire
mondiale de la France* para poner en escena un
gran espectáculo en el Teatro Nacional de Bre-
taña (TNB), en Rennes, y luego en la Casa de la
Cultura de Seine-Saint-Denis (MC93) en Bo-
bigny, titulado *La Ruée* [La estampida]. Al ver
a todos aquellos jóvenes atravesados por una
historia abierta, diversa, rica y estimulante, al
verlos interpretar, bailar y cantar con esa historia, haciendo de sus cuerpos la superficie
sensible de una emoción del reconocimiento,
me dije que un historiador no podría soñar con
mejor y más hermosa transmisión del saber, y
que todos los tenderos del resentimiento no
podían hacer nada, absolutamente nada, pese
a los caballetes del poder y del dinero, contra
la evidencia de toda esa energía.[1]

¿Y saben por qué? Porque ellos ya están
muertos y nosotros aún no. La ideología mor-
tífera de los adalides del arraigo, que nos con-

1. Gilles Amalvi, Patrick Boucheron y Boris Charmatz,
«L'histoire, au corps-à-corps», *Entre-Temps*, 2 de febrero de
2021.

minan a ser fieles a una patria, a una civilización o a una religión, según el caso, de la que por cierto no cesan de decir a los cuatro vientos que hace tiempo que no existe, es demasiado caricaturesca para perder el poco tiempo que nos queda debatiéndola. Bastará con combatirla, sin caer en la ingenuidad de pensar que su intrínseca ridiculez la hace menos peligrosa. Pero para combatirla eficazmente conviene imaginar otra cosa, no para darle la réplica, y menos aún para caer en la trampa que consiste en reaccionar ante los reaccionarios, en un terreno que les es tan favorable que llegaremos siempre con un compás de retraso, sino para dar con una respuesta y, en última instancia, precipitar un cambio.

Y para eso no podemos subestimar el poder de seducción de aquellos a los que combatimos.[1] En un artículo de 1936, Lucien Febvre se sorprendía del éxito editorial fulminante que había tenido en toda Europa *La decadencia de Occidente*, de Oswald Spengler, publicado en alemán entre 1918 y 1923. Estaba, por supuesto, esa «lengua clara, viva, llena de cadencia y

1. Véase, por ejemplo, Patrick Boucheron, «Puy du Fou, le train fantôme de l'histoire de France», *L'Obs*, 27 de julio de 2023.

luminosidad» que se imponía siempre a los escrúpulos de la erudición. Pero, por encima de todo, estaba la oscura atracción de la decadencia: «Porque, a fin de cuentas, participar en el auge de una civilización pujante, bien. Vivir los días de su decadencia, mejor aún. Y, en su último suspiro, aceptarlo con hombría: "¡De acuerdo, que venga!". Qué actitud más romántica; de veras hay que felicitarse por haberla adoptado».[1] Ahí está, descrita con todas sus letras, esa adicción a la catástrofe, un vago sentimiento que adormece hoy cualquier deseo de pasar a la acción. Y no vayan a pensar que eso solo concierne a los decadentistas más escandalosos de la derecha identitaria: rara es la corriente política que permanece hoy inmune a la tentación de lamentarse, de desgranar la miserable cuenta atrás de una historia desesperante, de entonar el triste estribillo de quienes llegan siempre demasiado tarde.

Quizá sea esta la fuente ponzoñosa de todas nuestras impotencias, en un momento como el actual, tan erizado de peligros, en esta tormenta que tarda en estallar, pero que lleva

1. Lucien Febvre, «De Spengler à Toynbee, quelques philosophies opportunistes de l'histoire», *Revue de métaphysique et de morale*, año 43, n.º 4, 1936, pp. 573-602.

dentro una violencia salvaje: un sopor paradójico que, en conjunción con todos los argumentos del fatalismo catastrofista, nos ha hecho incapaces de comprender el poder de ruptura de ciertos acontecimientos, que abren a veces el tiempo histórico a sus potencias más insospechadas. Para impedir que estas se actualicen necesitamos utopías concretas que, con tenacidad e imaginación, vayan armándose sobre la marcha, la clase de utopías que, compartidas en nuevos modos de vida, revelan en el individuo una fuerza y una valentía que no creía poseer. No tiene por qué ser nada grandioso ni intimidatorio, y de hecho ya existe. Existe allí donde luchamos, resistimos y nos comprometemos, y existe sobre todo allí donde la gente no se deja adormecer por esa sumisión anticipada a la catástrofe que se avecina.

En materia de programas políticos habrá que partir de cero, qué duda cabe. Pero las cosas se pondrán de nuevo en marcha, pacientemente, no en cuatro años ni en veinte, sino ahora, poco a poco, día a día, porque así es como se engaña a la muerte, porque no se ha inventado nada mejor para que la parca mire hacia otro lado, es un ardid tan viejo como el mundo: una historia más, luego otra, y otra, mil y una noches y muchas más. Sí, ha llegado la hora, una vez más, de dejar asombrada a la catástrofe, como decía Victor Hugo, y aprovechar el tiempo que nos queda.

Nuevos cuadernos Anagrama